Acerca del libro

Del poeta ganador del Premio Literario Lambda, nos llega una nueva y poderosa colección que mira hacia el futuro de Puerto Rico con amor, rabia, belleza y esperanza. En versos agudos y cristalinos, escritos tanto en español como en inglés, *antes que isla es volcán* imagina con osadía a un Puerto Rico decolonial. Salas Rivera despliega ristras de poemas seriales con una intensidad creciente: uno que proyecta a Puerto Rico como la isla de Calibán en *La tempestad* de Shakespeare, otro que imagina un multiverso de posibilidades todas dirigidas hacia un destino colectivo para Puerto Rico, un tercero en el que el poeta reclama su derecho a un futuro y su redistribución inmediata. Los versos son rigurosos y sofisticados, se relacionan con lo discursivo, pero también son contundentes, carismáticos y citables ("¿no te arrepentirás? / ¿no desearás tener jefe? / ¿no te sentirás inquieto con tanta libertad?"). Estos poemas conectan de manera inquebrantable con la energía explosiva del ser isla, transformándola en protesta, en espíritu, en arte.

Elogios para *antes que isla es volcán*

"Soñar otros mundos frente al apocalipsis colonial ... Este imaginar es lo que nos ofrecen generosa y poderosamente los poemas—el poema—*antes isla es volcán*. Desde *lo terciario*, uno de los libros más importantes de nuestra época, Raquel Salas Rivera ha ido documentando—con agudeza, claridad y belleza—el agujero colonial, creando libros que dan vida, en múltiples idiomas, y canalizando múltiples universos, para regalarnos las palabras que necesitamos para protegernos de *las naciones que envían para matarnos*".

—Daniel Borzutzky, autor ganador del Premio Nacional del Libro
(EEUU) de *The Performance of Becoming Human*

"Raquel Salas Rivera propone el 'regresar' como acto político y poético, un viaje de vuelta al magma, a la memoria y a las palabras que dan fe de la lucha de los yugos coloniales que siguen intentando apresarnos. Por ello, *antes que isla volcán/ before island* se propone más allá de cada verso y de las páginas del libro. Nos invita a mirar las poéticas y las convicciones propias como punto de partida para redefinir las geopolíticas de lo posible".

—Mayra Santos-Febres, autora de *La amante de Gardel*

"Somos un archipiélago construido de palabras prestadas, azotado por mitos y arquetipos del siempre mongo pero efectivo eurocentrismo. La tentación de bautizar de mitológica nuestra miseria, es contestada magistralmente por Raquel Salas Rivera desde una poética que hace uso de todas esas voces nuestras, a veces épicas, lúdicas, mordaces o rendidas a la simple belleza o al buen argumento de honesta inteligencia y la simple contundencia de lo políticamente justo".

—Luis Negrón, autor de *Mundo Cruel*

"Mientras el lenguaje de todos los días parece estar hecho con despojos y exclusiones, con causas pendientes no nombradas, aquí las palabras dichas entre personas son casi tratados internacionales: sujetxs puestos en un sitio para decir lo que dicen y mucho más. . . . Casi nada nos pertenece, pero la imaginación es siempre nuestra. *Somos insularmente suficientes.* Aunque a ratos habite islas como ruinas, la poesía de Raquel es siempre la proyección hacia una posibilidad luminosa, generosa consigo mismo y con lxs otrxs".

—Yolanda Segura, autora de *serie de circunstancias posibles en torno a una mujer mexicana de clase trabajadora*

También de Raquel Salas Rivera

x/ex/exis

*while they sleep (under the
bed is another country)*

lo terciario / the tertiary

*tierra intermitente /
intermittent land*

Caneca de anhelos turbios

antes que isla es volcán

raquel salas rivera

Voces Alzadas

Beacon Press, Boston

BEACON PRESS
Boston, Massachusetts
www.beacon.org

Beacon Press books
are published under the auspices of
the Unitarian Universalist Association of Congregations.

25 24 23 22   8 7 6 5 4 3 2 1

This book is printed on acid-free paper that meets the uncoated paper
ANSI/NISO specifications for permanence as revised in 1992.

Cover artwork by Xavier Valcárcel de Jesús
Cover design by Louis Roe
Text design by Michael Starkman
at Wilsted & Taylor Publishing Services

Raised Voices: A poetry series established in 2021 to raise marginalized
voices and perspectives, to publish poems that affirm progressive values and
are accessible to a wide readership, and to celebrate poetry's ability
to access truth in a way that no other form can.

Excerpt from *The Wretched of the Earth* by Frantz Fanon. English
translation copyright © 1963 by *Présence Africaine*. Used by permission
of Grove/Atlantic, Inc. Any third party use of this material, outside of
this publication, is prohibited.

Library of Congress Cataloging-in-Publication Data
Names: Salas Rivera, Raquel, author.
Title: Antes que isla es volcán / Raquel Salas Rivera.
Description: Boston : Beacon Press, 2022. | Series: Voces alzadas |
    Summary: "antes que isla es volcán is an imaginative leap into Puerto
    Rico's decolonial future"—Provided by publisher.
Identifiers: LCCN 2021050963 | ISBN 9780807014578 (trade paperback) |
    ISBN 9780807014585 (ebook)
Subjects: LCSH: Puerto Rico—Poetry. | LCGFT: Poetry.
Classification: LCC PQ7442.S225 A85 2022 | DDC 861/.7—dc23
LC record available at https://lccn.loc.gov/2021050963

para los futuros que alguna vez me soñaron

y para nuestra capacidad imaginativa exponencial

si sumáramos una a una las razones, casi
inaudibles, mínimas, impensadas, que hacen que los
más arrasados no se maten y que opten, segundo
tras segundo, por seguir vivos, esa suma formaría
la imagen del paraíso. allí estaría la mañana
soleada, allí estaría volviendo de su trabajo el esposo
destrozado, allí estaría la casa reconstruida, allí estaría
la leche que no tuvo la madre para darle a su hijo
moribundo, allí estaría el pan, la tibieza de la cama
cuyo colchón intacto se asoma entre los escombros.

RAÚL ZURITA

volcán

déjame en el monte, déjame en el risco,
déjame existir en mi libertad,
vete a tu convento, hermano francisco,
sigue tu camino y tu santidad.

RUBÉN DARÍO

la aproximación

el trato pertenece al agua.
designa la totalidad de relaciones que tienes con otro.
se podría decir que la vida que se trama entre dos es trato.
tratar el agua es curarla para el consumo, pero tu
trato habla volúmenes de tus ganas de presenciarnos.

al tratarte como agua, te asumiría como esencial y cotidiana.
a esto aspiro cuando me enamoro, a que seas mi agua.
como somos los dos de aquí, estamos un poco
contaminados y el trato debe tomarlo en cuenta.

te trato como una isla que mira a otra isla
y entiende que el agua es poder.
sé que mezclo cosas, pero el trato es la mezcla de todas las cosas
que nos hicimos cuando nos quitaron la tierra,
talaron nuestros bosques
y repartieron los frutos.

no es metáfora cuando digo *fruto*.
a veces es metáfora cuando hablo del agua y de nosotros.
es fácil confundirse con tanto lenguaje de percebe
pegado a nuestro muro.

confundirse es una manera de acercarse.
me aproximo, fallo y me enamoro.

el trato es la suma de las relaciones que tuve
con cada persona que conocí en esta isla,
a quienes amé en menor y mayor grado.
si me hirieron o me quitaron la camisa,
igual son parte del trato que firmamos.

deconstrucción de un hogar

cuando la brisa tumba el sol y a lo mejor pierdo los números
importantes o el celular se me agota en una siesta eterna,
juego un juego tan peligroso como creer
en la permanencia del tinte
o comprarme un mueble para el apartamento.

juego a que soy las ruinas de una casa abandonada
en un terreno sin título registrado,
una casita de tres cuartos, un baño, una sala
y las rejas más hermosas.

se me cae el pelo en cantos, nadie me baña,
las paredes se ponen enclenques, quedo hecho
costillas manchadas por el sudor y el hollín.
se me pelan las rodillas sin amor.
los perros me mean el candado enmohecido.
me siento a veces casa, a veces persona que juega
a tener casa. los años pasan.
de noche, los múcaros anotan mi caída en cámara lenta.
los ratones traen migajas. me ocupan ciempiés y polillas.
desarrollo nuevos hábitos. lo llamo estilo de vida.
la soledad me acompaña por las fases del día,
un segundo sol que ruega hacia el cielo.
sé que el mundo sigue sin fin, pero veo cómo
se mudan los vecinos, sus casas sin vender,
prontas a acompañarme en nuestras soledades.

mis dueños por allá me imaginan igualita.
comienzan a darme pena con su idea de quién fui,
su esperanza de recuperarme pronto pronto.
pero soy unas ruinas con aspiración a casa.
pero soy unas ruinas.

y porque naciste aquí

una cartelera anuncia la construcción de la nueva planta eléctrica
al lado de la cancha donde juegas a estudiar.
te enfermas

porque les dijeron a tus padres que las manchas en el cielo
eran renovaciones.
de prueba ofrecieron la iglesia pentecostal y su estacionamiento.
alguien sembró una mesa en el parque y ofreció tarot gratis
para decirte que en dos décadas el gobierno vaciaría tus ahorros.

rezas y rezas para que mejore la situación económica de tu barrio.
te contestan máquinas que ofrecen opciones numéricas.

sabes que ninguna solución es lineal.
el gps te envía por una calle que ya no existe, pero
conoces las playas de memoria y sus relaciones
con el cemento como si esto fuese tu historia,
este tu centellante ferrocarril.

los viejos tratan de no morirse a pesar del cáncer
y del odio persistente de los gobernantes.
eres joven y subvencionas tu vida con chiringas y cine.
pero también te enfermas porque el agua está enferma,
porque los edificios tienen asbestos, porque tus pies
tocan el suelo y duermes respirando.

julia keleher confiesa que cree
en el fin de la historia

titá enfila niños y le da a cada uno una goma. dice:
entren a sus libros y borren los nombres
de los asesinos de sus nietos.

se miran.
uno se atreve a preguntar: *¿quiénes son los asesinos?*
titá, con dedo largo y mano ancha,
grita hacia el techo, crucificada por el motor del aire.
¡tienen las mismas caras y los mismos apellidos
que los asesinos de tus abuelos,
se parecen a los jefes de tus padres,
gobiernan, dirigen en las luces,
se reclinan contra sus motoras!

todos comienzan a llorar desesperados.
sus caras se derriten del frío del motor
del aire acondicionado donde un pájaro siembra un nido.
no saben dibujar nadas en los libros.
no saben imaginarse
borrando pasados.

una gran bola playera se desinfla en sus manos.
un perro sarnoso les lame los oídos.
los enchufes tiran chispas, tos colectiva,
plagas de zapatos embachados.
nadie sabe reconocer los asesinos.

> *¡todos se van a morir!*

nada la voz de titá hacia sus bocas desamparadas.

las 400 escuelas cerraron.

nadie sabe lo que es un borrador, ni lo que es un lápiz.

los libros de historia exponen crónicas vivas.

un canto de la pizarra es un espejo roto.

los niños siguen sin saber quiénes asesinan sus futuros.

borran sus propias caras, confundidos.

otro desastre natural

por la ventana del carro,
mis mahones, como rocas, se calientan
mis manos, dos iguanas, corren con cambio
para el que vende periódicos entre carriles.

vuelven con el titular:

PERDISTE TU CASA Y AHORA DUERMES EN UN ALMACÉN LLENO DE SUEÑOS EXPIRADOS

se mojan con mi llantén de salitre.
mis mahones son dos carriles donde mueren las iguanas.
mi cara es un gran titular que grita:

TUS REPTILES FUERON A SOFOCARSE EN EL FRÍO Y AHORA DUERMES SOBRE DONACIONES DE DESASTRES EXPIRADOS

once verdades y una mentira

el secretario de la calefacción tropezó
con su firma hueca y rompió cada uno
de sus tratados.
en las afueras del capitolio un jíbaro
de madera asa un lechón frente
a su humildad buena onda.
la estrella de los mighty ducks
compró el museo del niño con bitcoin.
carmen yulín no dejó de pregonar
solo porque la tierra temblara.
wanda cambió la bandera a azul toldo.
todos los animales subieron al techo de una casa
que era la más precaria.
esta isla parece más y más un arca
llena de sobrevivientes del vacío.
los barcos y los ataúdes están construidos con madera.
la madera es un líquido que al tocarnos se endurece.
un dron anaranjado te puede pagar el alquiler.
si dejas el carro en doña fela toda la noche,
aparecerá un hombre de nieve en el bonete.
si te portas bien, nos harán estado.

el poeta defiende el derecho al futuro
y demanda su redistribución inmediata

el derecho a ser piedra

si llevas la nieve al mar caribe,
      se derrite.

si destruyes los temperamentos del capital,
      volvemos.

confeccionar agua no se puede,
      solo sus formas.

interrumpir la oración
para quedarse expuesto
a que otro la complete
con el pensar,
      es agua.

tupido es el bosque,
volátil mi carácter.

no cumplo ni contengo
aun cuando me mires.

no vine a limpiar rincones
donde escondes tus dolores.

no soy profeta de la otredad.
el descubrimiento llegó y se fue
lleno de mí sin mí.

cada producto es extensión
de una labor esquiva,
el oro extensión   del brillo,
el azúcar extensión   de la dulzura,
el cemento extensión   de mar en tierra,
y duro soy.
no debo intercambio
ni amor.

el derecho a quemar la boca

la nieve en mi boca
               se derrite,
palabras que me presta el imperio,
idioma que parece casi mío.

qué lindo baila el mar cuando consume.
qué increíble el dolor si es hermoso.

¿ves que ahora también me quieres tener
contigo en lo tuyo?

veremos cuánto dura mi rabia,
un juego laborioso y cortante
que pronto cansa y perturba.

entonces, ya que me usaste,
moriré como
se mueren los amantes en el cine,
uniéndonos en los emblemas
de un país lejano.

el derecho a quebrar un compás

es un comportarse,
una multidimensionalidad,
anticipar siempre al otro.

viajeros somos de los compases,
el norte en sur y viceversa,
cumplimos
                más,
                te leemos
           en nuestros textos,
disecamos.

agotamientos también atribuimos
al trabajo y a la escritura,

pero no son las palabras las que cansan.

eres tú y tú y tu amor malcriado
de hambre sin necesidad.

no son las vulnerabilidades las que drenan.
son tus y tus y tus manerismos del querer,
ese doy y recibo que imitas
mientras almacenas
lo categóricamente
breve del ahora.

y lo peor es el mañana
que mencionas a cada rato,
contrariada y pensativa,
como algo que también podría ser mío,
pero que guardas
en secreto.

el derecho a lo imposible

futuro,

decías, satisfecha.

futuro imposible,

descartando los intentos
y me confesabas que es difícil
imaginar un mundo tuyo,

pero yo también lo dificulto
porque imagino el ahora
y es tuyo todo
        este tiempo
aunque no sepas que lo sabes.

el derecho a la barbarie

me mataba el mirarte porque
creía que era amor la soledad.

no supe que estabas tan lejana.
no supe que eras directora de mis fantasías.
     soñé solo tus sueños con mi cuerpo.
        quedó muy bien vestida
mi barbarie.
bailaba con la lengua por las noches y
todos, entretenidos,
me querían.

el derecho a la locura

pero llegó un día
donde el cansancio rompió mi cara
y era, más que malo,
peligroso.

todos decían *pobrecito*
como *futuro*,
como un mundo clausurado
por el bien.

tanta decepción era traición.

entonces supe que *futuro* era muletilla.

supe lo que valían mis palabras
tomadas de rehén:
una repetición gastada,
una performática prescrita,
el futuro sin mi futuro,
el contrato del presente.

isla

this island's mine, by sycorax my mother,
which thou tak'st from me. when thou cam'st first,
thou strok'st me and made much of me, wouldst give me
water with berries in't, and teach me how
to name the bigger light and how the less,
that burn by day and night. and then i loved thee,
and showed thee all the qualities o' th' isle,
the fresh springs, brine-pits, barren place and fertile.
cursed be i that did so! all the charms
of sycorax, toads, beetles, bats, light on you,
for i am all the subjects that you have,
which first was mine own king; and here you sty me
in this hard rock, whiles you do keep from me
the rest o' th' island.

lo que shakespeare le robó a calibán

tempestad

viento concentrado,
un odio que parece
la despedida entre países.

extinción

los cruceros llevan extintores
porque, aun rodeados de agua,
nos puede consumir el fuego.

historia

nacer de la impaciencia
de un río que no se congela,
la inseguridad de un habla
que nunca se graba.

representación

sellada mi boca,
de la tuya vestida.

teoría del abandono

mientras más grande es la brecha,
más rápido nos lanzamos al barranco.

teoría de la dependencia

mientras más nos quitan,
más les entregamos.

calibán a sus amigos

no tengan miedo.
no son ruidos,
son canciones.

calibán a shakespeare

de sycorax, coquíes, cucubanos y luciérnagas
que llamaste sapos, escarabajos y luces.

calibán a ariel

me encadenaste para liberarte
de un amo en común
y todavía piensas
que yo soy el caníbal.

calibán a la tempestad

dependes del viento.
dependes del humor azaroso del mar.
tiránico, mandas desde tu dependencia.

calibán a próspero

me raptaste de mi hogar,
castigándome por no llamarte míster.
aprendí tus malas palabras,
y te maldije en tu idioma
para que entendieras.

nunca entendiste.
decías que mi acento era muy fuerte.

calibán a sí mismo

cambiar de dueño
no te liberó.

la independencia
(de puerto rico)

¡un multiverso!

*la première chose que l'indigène apprend, c'est à
rester à sa place, à ne pas dépasser les limites. c'est
pourquoi les rêves de l'indigène sont des rêves
musculaires, des rêves d'action, des rêves agressifs.
je rêve que je saute, que je nage, que je cours, que je
grimpe. je rêve que j'éclate de rire, que je franchis le
fleuve d'une enjambée, que je suis poursuivi par des
meutes de voitures qui ne me rattrapent jamais. pendant
la colonisation, le colonisé n'arrête pas de se libérer
entre neuf heures du soir et six heures du matin.*

FRANTZ FANON

la independencia
(de puerto rico)

entré en un terror redondo, tierno y final.
era todos los que amé y se me fueron.
era mi soledad y su repetición.
era la crueldad potente a media asta.
entré a una torre horizontal
tumbada por lo tenue
y una amiguita blanca que viraba,
me miraba y me decía fea.

en ese sitio los niños recogían piedras.
se las tiraban a mi madre con la palabra *mono*.
en ese año no supe superficie
y me escondí en el fondo de una casa.

en ese cuerpo, no entendía cosas;
los objetos los sentía y los lloraba,
todo hombre podría ser paterno
y admito que el amor era mayor
pues me rodeaban los años.

en el terror estaban
edgar, que me dijo que seríamos eternos,
luis, que juraba que criaríamos dos futuros,
alli, que me regaló una casa prestada,
la música que prometió un disco,
los grandes pensadores domadores,
los que me dijeron bruta, vaga, fría,
los que por amor me dieron duro,
regalándome promesa tras promesa.

entré a las excepcionales ocasiones
cuando me hablaban compañeros.
era tierna la luz,
aunque durara lo que dura
un intercambio de instrucciones.
entonces era niña nuevamente,
era persona, pertenecía.
luego, entré al desbalance de la pega,
al silencio doloroso de mi audiencia,
al aplauso caro del amor.
entré al terror del arresto,
a la cara similar y las historias,
las muchas maneras de morir:
tortura, cárcel, tiempo.
caía en el pasto al ver la autopista.
entré al horror de la violencia nata,
la ferocidad de los recuerdos.
llegué al impulso incomprensible
de sentir tan duro que enfrié el corazón
y temblaban mis palabras.
la burla y el rechazo
estaban en mi terror.
también tuve otros:
el novio muerto, el amigo asesinado,
el poeta olvidable,
el comentario fuera de cuerpo,
la corrección gringa,
el desempleo, la pobreza,
el ser puertorriqueño
allá afuera.

fue en el terror donde dudé del nombre *puerto rico*
                    y la palabra *independiente*.
eran dos meteoros que caían a la tierra.
¿estallarían en el mar o en alguna ciudad poblada?
eran dos cuerpos que no lograban estrellarse,
velados por los físicos y los predicadores.

puerto rico

     independiente

las decía sin saber si era explosivo,
si descubría una cura que salvaría a millones,
haciéndome millonario del tiempo,
amado por todos,
rescatado de la constancia
de anticipar mis ataduras,

pero al decirlas pasó lo inesperado.
nadie murió.
no me arrestaron por bandera
ni me torturaron con radiación.
no terminó el mundo y el terror no hizo nada.
no hubo monstruo que me reclamara por darle vida.

quedaban solas las palabras

puerto rico

     independiente

una nueva pregunta me observaba curiosa,
y yo que me había preparado para el fin o el comienzo
estaba solo ante aquel espacio
en blanco.

la independencia
(de puerto rico)

¿no te sentirás solito

(algunos preguntarán)

al quedarte a solas con tus cosechas,
solo tus playas para visitar,
solo tus montañas para subir en carro
hasta que la carretera sea precipicio
con una madera fina de papel de regalo,
amarrada con un lazo de pluma de gallina,
con firma de perro sato?

¿no extrañarás los sonidos que entran
filtrados por otros mundos,
la algarabía del descubrimiento
constante torcido para formar los blasones,
tu esperanza con casco,
siempre en el campo de batalla,
siempre a la defensiva?

¿no te abandonarán tus dioses?
¿tus hijos, no cruzarán mares correteando
hacia el pecho de aquella nación mayor?
¿no te negarán la alegría como bienes en el puerto?
¿no te castigarán por manifestar
aquel sueño?

¿no volverán con más ejércitos,
pistolas más grandes,
estrategias más densas,
nuevas elecciones?

pondrás en peligro a todos tus viejos amantes,
quienes, buscándote en un mundo reorganizado,
tocarán a la puerta errada
y morirán.

¿no morirás?
¿tu muerte no será como un nuevo planeta
vaciado de todo aquello por lo cual luchaste?

te llamarán terrorista.
un día no regresarás y todos se enterarán de
que en el cuerpo retenías demasiada independencia.

¿no romperás?
¿no arruinarás las aguas?

(algunos preguntarán)
¿cómo sabes si funcionará?
¿cómo te puedes asegurar de que no
acabará con lo poco que tenemos,
los cupones que hemos ahorrado,
los apartamentos apestillados que guardan
viejos marcos, récores de los trabajos que perdimos,
la gente que perdimos en la jeringuilla o
en los sótanos de ciudades lejanas?

aquí tienes un matre que usamos hace quince años
y guarda la historia de nuestra resistencia.
esto se lo llevará tu empeño en salvarnos.

mira lo que nos dieron:
estas promesas interminables
que algún día quizás se cumplan.
sin ellas,
¿no se sentirá el vacío?

gracias a todos los fuegos, ¿no se sentirá como si
todo lo que tenemos fueran latas almacenadas
y una tierra que no sirve?

tendremos que luchar
y sabes que, tras la lucha,
no nos queda lucha.
ellos enviarán nuevas naciones para matarnos
y, entonces, ¿qué ofrecerás?
¿tu bandera y tu orgullo?

¿no quedarás relegado al olvido?
¿tus restos no se hundirán en la tierra
como huesos de taíno?

no botes a los buenos colonizadores
con la poca agua de lluvia que recolectaste.
no es su culpa que beban de un pozo llano
para volver a sus casas con piscina
y sus cabañas frente al lago.
ellos también necesitan, como nosotros.
ellos también.

¿no te resultaría mejor visitar a tu cura,
ir a terapia de pareja,
trabajar juntos para arreglar la relación?

¿no confías en que mejorarán las cosas?
mira a todas las naciones modelo
en sus filas largas.
por lo menos, tienen aire acondicionado
en el cesco imperial.

¿no te perseguirá esta decisión?

asegúrate de que quieres hacer esto.
nos queda poco.

¿por qué te atas a cosas imposibles?
siempre será diferente de lo que te imaginas.
¿y quién dice que será mejor?
¿cómo estás seguro?

¿no te arrepentirás?
¿no desearás tener jefe?
¿no te sentirás inquieto
con tanta libertad?

la independencia
(de puerto rico)

los enemigos afilan nuestra tristeza y la entierran
en nuestras ganas de luchar.

si alguna vez amaste a pesar del debo
      (aunque ahora te arrepientas);
si tomaste el riesgo leve de nadar
      sin ver el fondo;
si saliste de ahí;
si evitaste al doctor y fuiste a la playa;
si votaste en contra de tus padres;
si rompiste una regla simple,
robaste papel de baño,
te comiste el pare que decía coca cola,
te diste pal y llegaste a casa,
probaste ostras insalubres,
entonces entiendes.

te escocotaste,
te rompieron el corazón,
te mataron las ganas,
cometiste errores indelebles,
te enfermaste lejos de un hospital,
perdiste amigos,
casi mueres,
      quizás mueres;
pero eso te puede pasar en casa tranquilo
viendo netflix y comiendo popcorn,

así que ponte a arreglar las carreteras del mañana.
come lo que te dé la gana y a la hora que sea.
cuéntale del abuso a tu madre.
sal del clóset y graba videos
(aunque te acribillen en santurce).

enfrenta al gobernador.
cocina para tu corillo
y que sea bien enorme:
un pueblo fuera de un pueblo.
múdate (pero vuelve).

vivimos bajo el fascismo.
¿crees que puedes evitar el dolor?

defiende tu alegría.
reaprópiate de tus recursos.
ocupa todos los edificios
y, cuando vengan a desahuciar,
diles que quiénes son
con sus dictaduras mundanas,
y, en serio, ¿quiénes son?

si tomaste el camino de la cautela,
igual te explotaron,
te humillaron en el banco,
te plancharon los biles,
te tradujeron,
te escupieron en el café,
te fallecieron naturalmente,
y eso que fuiste bueno toda la vida.
no pierdes nada que no tengas.

vivimos con tiempo robado.

la independencia
(de puerto rico)

un camino de migajas hasta la boca,
la caverna acuosa deslumbrada por dientes,
ahí recogidas, no crean pan de agua.

recogidas, las sonrisas no crean risa.
recogidos, los reojos no crean ojo.
los platos repartidos no suman cena.

reunidas, las concesiones termales.
ductos conectan el llanto al aire.
reunidos, los llantos no crean playa,
ni playas reunidas nos hacen isla.

juntadas, las furias no crean tormenta.
las chispas aisladas no dan pal fuego.
el poco a poco no llega a nada.

no es que no ame los detalles;
en diminutivo nos sobrevivo,
pero juntos estamos solos
unidos por compras y días feriados.

no quiero eso.

quiero que no sean filas nuestras reuniones.
nos empeñamos en la pared.
dejemos el museo del acumulo.

superemos esto como superamos tanto,
a velocidad de martín pescador
y asalto con bala.

la terapia que nos damos con tragos y puños,
duraría más con querernos vivos.

los surcos sirven para producir
un fruto que se entrega a un dios
con las manos apuntadas hacia el vacío.
generaciones bien buena gente.
linajes enteros de dadivosos.

qué lindo darnos,

pero no, no esto.
esto es otra cosa.
llega a salidas y salidas
y aquí seguimos saliendo de lo mismo.

no nos queremos cuando nos damos así.
no nos hagamos eso.
nos queda mal tanto camino,
tanto horizonte,
si no sabemos volver a casa.

la independencia
(de puerto rico)

¿quién te dijo que no podía ser así,
    que no podías amarlo todo?
¿quién te dijo que soltaras tu manía de
    partir el verso con hambre medular?
¿dónde estaban cuando resurgió la escritura,
    cuando se soltó y condujo hasta el tamiz del cielo,
        dejando virutas peladas, residuos del colapso?
cuando estaba buena la cosa,
    ¿por qué solo aparecieron para tumbarte?

¿quiénes fueron aquellos que demoraron,
diagnosticaron y ficharon?
¿te conocían así, como si valieras todas las penas?
te quebraron en pedazos
    para alcanzarte uno a dos,
        desenterrando viejas cizallas, entradas encendidas
        y sótanos, aquellas costillas caseras
      que maquetan las bases de lo alado,
envejecidas día a día, contemplando techos.

los muertos están en la lluvia
y, los vivos, en las islas encadenadas.

¿por qué crearon hogares
    y cómo dejaste que entraran
      a nuestra casa, sin más ni más,
a la rabia de nuestra casa y a la médula

de nuestros cadáveres y las costillas
de nuestras lascas, sin encontrar cosa alguna
que no fuese lo mismo mesmo?
islas sobre continentes de lo mismo,
marcándonos.

estos siempre eran nuestros desde abajo
hasta subir de piso.
¿quién les dio una copia de la llave?
deja de aguantar la puerta
          que si no lo consiguen aquí,
                    lo consiguen en otra parte.
déjalos afuera.
déjalos que se vayan.

la independencia
(de puerto rico)

somos más fieros que la nieve derretida;
somos más grandes que un cementerio de vagones;
somos más rabiosos que los vientos atascados;
somos más inmensos que los ríos en el mar;
somos más amplios que las tiranías gastadas;
somos más tiernos que las raíces con la tierra;
somos más tiernos que la lluvia en el musgo;
somos más tiernos que el temblor del aguacero;
somos más fuertes que los años fajones;
somos más bravos que la angustia acosadora;
somos más bellos que las monarquías universales;
somos más jevos que la buena vida soñada;
somos más ricos que los puertos robados;
somos más piratas que los gobiernos federales;
somos más justicieros que los dioses armados;
somos más más que lo más mínimo
y más más que lo más mejor.
somos insularmente suficientes.

no le debemos a nadie la vergüenza.

no le debemos a nadie la pequeñez.

nos dicen por toda una vida siglada
y quintuplegada que somos
la menor de las mayores,
que somos mucho de lo menos

y muy poco de lo más,
pero somos más que lo que dicen,
más de lo que se imaginan
y más de lo que hasta hoy
nos hemos imaginado.

somos las bibliotecas de las casas
juntadas en una huelga de datos
que añoran sus entrañas
de carne historiada.

somos una latitud de correas atadas,
sierpes que mudaron su piel de castigo
por una cinta de medir el globo
para saber si el mundo puede
expandirse abriendo pechos.

somos ese cálculo que traza hoy
y toca fondo.

somos la fortaleza sin españoles,
la caja torácica que expira el viejo imperio
donde antes se almacenaban cruzadas.

somos fatales, es decir,
la muerte de las trincheras
y los gobiernos que las inducen.

somos altaneros en la costa
y humildes en la cordillera.
por eso, recogemos café y lo sembramos

en los edificios que construimos,
los niños que cuidamos,
las solicitudes exponenciales
que completamos

y en todo somos independientes,
hasta en el hueco más colonizado del temor poroso;
hasta en la panadería más llena de periódicos de anuncios;
hasta en el acto corrosivo de decir que somos isla solamente;
hasta eso lo hemos hecho mirándonos las caras,
juntando los bloques de cemento,
armando los almacenes de los vecinos;
hasta en la lejanía, hemos sido *nosotros*,
nosotros los que llegamos al correo
y enviamos latas y baterías.

no temas lo que ya conoces.
llevamos una vida temiéndonos
mientras nos roban extraños.
míranos bien.
¿no ves que somos
hermosura?

la independencia
(de puerto rico)

la independencia

    (de puerto rico)

la independencia

    (de puerto rico)

la independencia

    (de puerto rico)
la independencia
    (de puerto rico   )
la independencia
    (de puerto rico
la independencia
    de puerto rico
la independencia
de puerto rico
la independencia de puerto rico
laindependencia de puerto rico
laindependenciade puerto rico
laindependenciadepuertorico
independenciadepuertorico
independenciapuertorico
puertorico

puertorico

puerto rico

mar del poema
(anexo para soñar deatráspalante)

¡disfruten de la gran fiesta de nuestra américa . . .
en el fondo del mar!

TEXTO ESCOLAR *ISLAS Y ESTRELLAS*

ala

el ala del mar es la ola;
la ola del cielo, la lluvia;
la sal de la lluvia, granizo;
granizo del odio, balazo;

balazo del alma, campana;
campana sin tiempo, balada;
balada sin hambre de amada:
amor sin nombrar su balada;

caballo sin brida, la vida;
la vida del mar es la ola;
la ola del ave es el ala;
el ala del odio es la guerra;
la guerra del viento, tormenta;
tormenta del alma, la amada;
amado de todo, poeta;
poeta del mar, marinero;
mar del poema, el futuro.

el arca

¿cuál de los mares es tuyo?
le pregunto a la arena,
pero no me dice nada,
la malagradecida.

¿cuál de los montes te debo?
le pregunto al cielo,
pero no me contesta,
el engreído.

¿cuántos ríos sobran?
le pregunto a la ceiba,
pero ella no habla,
la más profunda.

¿cuánto dolor nos falta?
les pregunto a los pitirres,
pero ellos hace tiempo
no saben contestarme.

¿cuánto vale un racimo?
le pregunto al árbol,
pero su dar no tiene precio,
el altanero.

¿cuántos boricuas bestiales llenan un sueño?
   le pregunto a la noche
   que sin dueño se luce
   y me contesta riendo,

     todos cabemos.

dejaqueveas

si crees que es feo un día nublado,
dejaqueveas los cristales rotos.

si crees que es feo ese carro,
dejaqueveas el tanque vacío.

si crees que es feo vivir sin respeto,
dejaqueveas matar por celos.

dejaqueveas lo que dice el gobierno,
si crees que es feo sentirte solo.

si crees que es lindo el nuevo disco,
dejaqueveas los instrumentos.

si crees que es lindo sentirte lleno,
dejaqueveas llenarnos juntos.

si crees que es lindo trepar un árbol,
dejaqueveas sembrar un huerto.

dejaqueveas sembrar un bosque,
dejaqueveas sembrarlo juntos y llenarnos,
dejaqueveas perderle el respeto al gobierno,
dejaqueveas trepar un bosque y tocar el cielo.

versos complejos

para josé martí

yo soy poeta arrancado
de donde crece el mangó.
y antes de morirme quiero
ver a aquel que me cegó.

yo vengo de todas partes,
pero a mi pueblo yo voy.
hambre soy entre las hambres,
la hambruna de donde soy.

yo sé los nombres extraños
de hombres que no nos quieren
y que, por mortales años,
espero y no vienen.

llover sobre mi cabeza,
siento en la noche clara;
luces en ciudad oscura,
estrellas liberadas.

vi alas nacer en los hombros
de amigos tan hermosos
que ya andan entre nosotros
sin más susto a los odios.

he visto surgir un hombre
de entre balas reunidas,
y he visto morir a un hombre
que amó toda la vida.

tan rápido como el miedo,
dos veces vi el alma, dos,
cuando gritamos los fieros,
cuando perdimos la voz.

temblé una vez en la cama,
el día en la ventana,
cuando la bárbara vela
quemó su piel amada.

gocé una vez, en la calle,
al ver mis versos volar,
pues supe que no hay quien calle
la voz que puede migrar.

hoy oigo un ladrar, a través
de rejas y oscuridad,
y no, no son ladridos, es
testigo de la maldad.

si dicen que de mi patio
tome la fruta mejor,
agarro el limón más agrio,
no la que me dio el amor.

he visto el techo herido
volar a azul sereno,
y hombre morirse en el frío,
buscando techo nuevo.

yo sé bien cuando el mundo
se cansa de sí mismo,
porque ya es muy tarde cuando
va a enfrentarse al fascismo.

he puesto mi pecho armado
de furor y tristeza
sobre aquel beso pesado
que baja la cabeza.

en una cáscara dura,
hoy envaino mis penas
porque un pueblo que no llora
me recorre las venas.

todo es hermoso y violento,
todo se angustia por pan,
y todo, como la tierra,
antes que isla es volcán.

yo sé que el listo se canta
filántropo y artista,
pero deja tras su obra
la pobreza y conquista.

callo, no lo entiendo y me voy
sin hacerme ya el fuerte.
cuelgo mi futuro por hoy
lejos de tanta muerte.

soñamos que cruzamos un río con un brinco

el futuro es una casa de espejos

Y todos
reflejan
a nevilisa
alexa
luciano
ruiz.

Agradecimientos

Agradezco a las siguientes revistas literarias por publicar versiones tempranas de algunos de estos poemas: Academy of American Poets' *Poem-a-Day*, MAKE Literary Productions, *A-Line*, el *Puerto Rico Review*, *Kenyon Review* y NACLA. Algunas partes de este libro fueron escritas en el Playwrights and Composers Retreat de la Fundación Ucross y otras en la MacDowell Colony. Gracias por el espacio, el tiempo y el compañerismo.

Este poemario está dedicado principalmente a mi padre, Edelmiro Salas González (1960–2020), mi fan número uno, un hombre de principios fijos y un buen corazón. Quisiera, como siempre, agradecerle a mi madre, Yolanda Rivera Castillo, el enseñarme a creer siempre en un mundo sin imperio y sin capitalismo, y a mi abuela, Virginia Rivera Beauchamp, darle las gracias por ofrecerme un cuarto donde bailan las luciérnagas de noche.

También le doy las gracias a todo un corillo de amistades cercanas que me salvaron una y otra vez: Ricardo Alberto Maldonado, Amy Paeth, Raquel Albarrán, Nicole Cecilia Delgado, Ana Portnoy Brimmer, Carina del Valle Schorske, Ángel Domínguez, Genji Amino, Gaddiel Francisco Ruiz Rivera, Kelly Díaz, Urayoán Noel, Vanessa Angélica Villarreal, Majo Delgadillo, Rye Ellis Katz, Colette Arrand, Symbol Lai, Carla Cavina, Farid Matuk, Yara Liceaga, Lía Rivera, Luis Ortiz, Miriam Damaris Maldonado Rodríguez, Mara Pastor,

Luis Díaz, Hermes Ayala, Natalia Bosques Chico, Luis Negrón, Willie Perdomo, Mayra Santos Febres, Noor Ibn Najam, Ericka Florenciani, Fani Silva Santana, Sampson Starkweather, Jasmine Amussen y Mon Zabala, entre otros. Gracias, Irizelma Robles, por ser tan dulce conmigo desde un principio. A mi terapista, Khalida Sethi: me salvaste la vida. Le agradezco a Sofía Gallisá Muriente por compartir sus conocimientos, su talento y su tiempo conmigo, y a Alejandra Rosa por la ternura y por los viajes a El Mesón. Mi agradecimiento también para Tito, que es un pachoso, pero de los buenos. A Xavier Valcárcel, por la poesía y por el arte de la portada. A mis primos Miguel Alvelo Rivera y Sofía Rivera Soto.

Finalmente, agradezco al Colectivo de *El proyecto de la literatura puertorriqueña*: Enrique Olivares, Ricky, Claire Jiménez, Ana Castillo Muñoz, Gabriela Baeza Ventura, Carolina Villarroel, Lorena Gauthereau y Linda García Merchant. A Cindy Jiménez Vera: gracias por incitarme a pensar en el futuro. Christopher Powers y Julio Ramos: gracias por ser mis eternos mentores. A Carmen Marín por sus ediciones minuciosas y consideradas. También quisiera agradecer a Catherine Tung el haber creído en este proyecto.

Me cuesta todavía pensar que me tiré la misión de escribir poemas sobre el futuro cuando todo se siente tan apocalíptico, pero sigo creyendo que tenemos la responsabilidad de soñar otros mundos. Abrazos fuertes a todes.

Sobre el autor

RAQUEL SALAS RIVERA es un poeta, traductor y editor puertorriqueño. Sus reconocimientos incluyen el nombramiento como Poeta Laureado de la ciudad de Filadelfia y el Premio Nuevas Voces del Festival de la Palabra de Puerto Rico. Cuenta con la publicación de cinco poemarios. Su tercer libro, *lo terciario/the tertiary*, ganó el Premio Literario Lambda a una obra de poesía transgénero y también fue semifinalista para el Premio Nacional del Libro del 2018 (EEUU). Actualmente, escribe y enseña en Puerto Rico.

About the Book

Here is the powerful, inventive new collection from Lambda Award–winning poet Raquel Salas Rivera: poems that look to the future of Puerto Rico with love, rage, beauty, and hope. In sharp, crystalline verses, written in both Spanish and English versions, *before island is volcano* daringly imagines a decolonial Puerto Rico. Salas Rivera unfurls series after series of poems that build in intensity: one that casts Puerto Rico as the island of Caliban in Shakespeare's *The Tempest*, another that imagines a multiverse of possibilities for Puerto Rico's fate, a third in which the poet demands his right to a future and its immediate distribution. The verses are rigorous and sophisticated, engaging with literary and political discourse, yet are also hard-hitting, charismatic, and quotable ("won't you be sorry? / won't you wish you had a boss? / won't you get restless / with all that freedom?"). These poems tap unflinchingly into the explosive energy of the island, transforming it into protest, into spirit, into art.

"While everyday language seems to be a string of disposses-
sions and exclusions, with unnamed pending causes, here
the words spoken between people are almost international
treaties: subjects placed somewhere so they can say what
they say and much more. . . . Almost nothing belongs to us,
but imagination is always ours. *We are insularly sufficient.*
Although at times it inhabits islands like ruins, Raquel's
poetry is always a projection towards luminous possibility,
generous with himself and others."

—Yolanda Segura, author of *serie de circunstancias posibles
en torno a una mujer mexicana de clase trabajadora*

Also by Raquel Salas Rivera

x/ex/exis

*while they sleep (under the
bed is another country)*

lo terciario / the tertiary

*tierra intermitente /
intermittent land*

Caneca de anhelos turbios

before island is volcano

raquel salas rivera

Raised Voices

Beacon Press, Boston

for the futures that once dreamt me

and for our exponential imaginative capacity

if we add up all the reasons, almost inaudible, minimal,
unthought, that make it so the most razed don't kill
each other and choose instead, second after second, to
stay alive, that sum would form the image of paradise.
there is the sunny morning, there the broken-down
husband returning from work, there the rebuilt house,
there the milk the mother didn't have for her dying
son, there the bread, there the lukewarmth of the bed
whose intact pillow appears amongst the debris.

RAÚL ZURITA

volcano

leave me to my mountain, leave me to my crag,
leave me to exist in my liberty,
go to your convent, brother francisco,
stick to your path and your sanctity.

RUBÉN DARÍO

I

to approach

treatment belongs to water.
it designates the sum of all relations one has with another.
you might say the life schemed between two is treatment.
to treat water is to cure it for consumption, but your
treatment speaks volumes about your desire to bear witness.

to treat you like water, i'd have to assume you
as essential and daily.
i aspire to this when i fall in love, that you be my water.
since we are both from here, we are a bit
contaminated, which treatment must consider.

i treat you like an island looks at another
and understands water is power.
i know i'm mixing things, but treatment
is the mixture of all the things
we did to each other when they took our land,
cut down our forests
and distributed our crops.

it isn't a metaphor when i say *crop*.
sometimes it's a metaphor when i talk about us and water.
it's easy to get confused with so much barnacle language
stuck to our wall.

confusion is a way of getting close.
i come close, fail, and fall in love.

treatment is the sum of all relations had
with each person i knew on this island.
each i loved, to a greater or lesser degree.
if they hurt me or took my shirt,
they are still part of the treaty we signed.

deconstruction of a home

when the breeze knocks down the sun and i maybe lose the
important numbers or my phone knocks out in an eternal nap,
i play a game as dangerous as believing
in the permanence of dye
or buying furniture for an apartment.

i pretend i am the ruins of an abandoned house
that sits on unregistered land.
a house with three rooms, a bathroom, a living room
and the most beautiful railings.

my hair falls in chunks, no one bathes me,
the walls grow gaunt, i'm all
ribs stained by sweat and soot.
my knees peel loveless.
the dogs piss on my rusty chain.
i sometimes feel like a house, others like a person
who plays at having a house. the years pass.
at night the múcaros note my slow-motion decline.
the mice bring crumbs. i'm occupied
by centipedes and clothes moths.
i develop new habits. i call it a lifestyle.
solitude accompanies me through the day's phases,
a second sun that begs toward the sky.
i know the world hasn't ended, but i see how
the neighbors moved, their homes unsold,
soon to accompany me in our solitudes.

from afar, my owners imagine me unchanged.
i start to pity their idea of who i was,
their hope of recovering me soon soon.
but i am some ruins that aspire to become house.
but i am some ruins.

and because you were born here

a billboard announces the construction of the new electric plant
next to the basketball court where you play like you study.
you are sick

because they told your parents the stains in the sky
were renovations.
the proof they offered was the pentecostal church
and its parking.
someone planted a table in the park, offered free tarot,
and read that in two decades your government
would empty your account.

you pray and pray your barrio's economic situation will improve.
you're answered by machines that offer you numerical options.

you know no solution is linear.
the gps sends you down a street that no longer exists,
but you memorized beaches and their relations to
cement as if these were your history,
this your scintillating railway.

the elders try to not die despite cancer
and our rulers' persistent hate.
you are young and subsidize your life with kites and films.
but you also get sick because the water is sick,
because the buildings have asbestos, because your feet
touch the ground and you breathe while you sleep.

julia keleher confesses she believes
in the end of history

titá lines up the children and gives each an eraser. she says,
>   *open your books and erase the names*
>   *of your grandchildren's assassins.*

they stare at each other.
one dares ask, *who are the assassins?*
titá with a long finger and a wide hand
screams towards the roof, crucified by the air's motor.
>   *they have the same faces and last names*
>   *as your grandparents' assassins,*
>   *they look like your parents' bosses,*
>   *they govern, they direct traffic, they lean*
>   *against their motorcycles.*

the children start desperately crying.
their faces melt from the air conditioner's cold
where a bird plants a nest.
they don't know how to draw nothings in books.
they don't know how to imagine themselves
by erasing pasts.

a great beach ball deflates in their hands.
a mangy dog licks their ears.
the outlets throw sparks, collective cough,
plagues of soaked shoes.
no one knows how to recognize assassins.

you are all going to die!
titá's voice swims towards their helpless mouths.

400 schools closed.
no one knows about erasers or pencils.
history books expose their live crónicas.
a chalkboard shard is a broken mirror.
the children have no idea who assassinates their futures.
they erase their own faces, confused.

another natural disaster

through the car window,
my jeans, like rocks, warm
my hands, two iguanas, dash change
to the man selling papers between lanes.

they return with the headline:

YOU LOST YOUR HOUSE AND NOW SLEEP IN A WAREHOUSE FULL OF EXPIRED DREAMS

they get soaked with my saltpeter sobs.
my jeans are two lanes where iguanas come die.
my face is a great headline that screams:

YOUR REPTILES LEFT TO SUFFOCATE IN THE COLD AND NOW YOU SLEEP ON DONATIONS FROM EXPIRED STORMS

eleven truths and a lie

the heating secretary tripped
    over his signature and broke each
    of his deals.
outside the capital building a wooden jíbaro
    roasts a pig while standing before
    his good-natured humility.
the mighty ducks' child star
    bought the children's museum with bitcoin.
carmen yulín didn't stop preaching
    just because the earth quaked.
wanda changed the flag to fema blue.
all the animals climbed onto the rooftop
    of the most precarious house.
more and more, this island seems some arc
    packed with the survivors of emptiness.
ships and coffins are both made of wood.
    wood is a liquid that hardens to our touch.
an orange traffic barrel can pay your rent.
if you leave your car in doña fela overnight,
    a snowman will show up on the hood.
if you behave, they'll make us a state.

the poet defends his right to a future
and demands its immediate redistribution

the right to be stone

if you take the snow to the caribbean sea,
       it melts.

if you destroy capital's temperaments,
       we return.

you can't concoct water,
       only its forms.

to interrupt the sentence
to remain exposed
to another's completion
in thought,
       is water.

thick is the forest,
volatile my character.

i don't deliver or contain
even when you stare.

i didn't come to clean the nooks
where you hide your hurts.

i'm no prophet of otherness.
discovery arrived and left
full of me without me.

each product an extension
of a labor that ducks.
gold an extension   of shimmer,
sugar an extension   of sweetness,
cement an extension   of sea in earth,
and i am hard.
i owe no exchange
or love.

the right to burn one's mouth

the snow in my mouth
                    melts
words the empire lends,
a language that seems almost mine.

how pretty the sea that consumes.
how astounding the pain, if stunning.

see now you also want me
with you in your thing?

let's see how much my rage lasts,
a laborious and cutting game
that soon tires and perturbs.

then, since you've used me,
i'll die like lovers in movies,
joining us with emblems
of a far-off country.

the right to crack a compass

it's a behaving,
a multidimensionality,
to always anticipate another.

we are travelers of compasses,
the north in south and vice versa.
we fulfill
                plus
                we read you
        in our texts
dissect you.

exhaustions, also, we attribute
to work and writing,

but it is not the words that tire.

it's you and you and your spoiled love
of needless hunger.

it isn't the vulnerabilities that drain.
it's your and your and your mannerisms of want,
this give and receive you imitate
while you store
the categorical
brevity of now.

the worst is this tomorrow
you mention all the time
displeased and pensive
like something that could also be mine
but you harbor
in secret.

the right to impossibility

future,

you said, satisfied.

impossible future,

discarding the attempts,
and you confessed it was difficult
to imagine a world that was yours,

but i too am difficult
because i imagine the now,
and it's yours all
        this time
even if you don't know you know.

the right to barbarism

looking at you killed me
because i thought love was solitude.

i didn't know you were so far.
i didn't know you directed my fantasies.
          i dreamt only your dreams with my body.
                    my barbarity
was well-dressed.
i danced with my tongue at night.
all were entertained
and loved me.

the right to madness

but the day arrived
when exhaustion broke my face
and i was more than bad,
i was dangerous.

all said *poor thing*
like *future*,
like a world shut down
for the good of all.

so much disappointment was betrayal.

i knew then *future* was a tic.
i knew my hostage words' worth:
a wasted repetition,
a prescribed performance,
the future without my future,
our present contract.

island

this island's mine, by sycorax my mother,
which thou tak'st from me. when thou cam'st first,
thou strok'st me and made much of me, wouldst give me
water with berries in 't, and teach me how
to name the bigger light and how the less,
that burn by day and night. and then i loved thee,
and showed thee all the qualities o' th' isle,
the fresh springs, brine pits, barren place and fertile.
cursed be i that did so! all the charms
of sycorax, toads, beetles, bats, light on you,
for i am all the subjects that you have,
which first was mine own king; and here you sty me
in this hard rock, whiles you do keep from me
the rest o' th' island.

what shakespeare stole from caliban

tempest

concentrated wind,
a hate that looks like
a goodbye between countries.

extinction

cruise ships carry extinguishers
because, even when surrounded by water,
we can still be consumed by fire.

history

born from the impatience
of a river that doesn't freeze,
the insecurity of a language
that leaves no record.

representation

my sealed mouth,
dressed as yours.

abandonment theory

the wider the gap,
the faster we speed toward the cliff.

the more they take,
the more we give.

dependency theory

caliban to his friends

don't be afraid.
those aren't noises,
they are songs.

caliban to shakespeare

by sycorax, coquíes, cucubanos, and fireflies
which you called frogs, beetles, and lights.

caliban to ariel

you chained me to free yourself
from our common master,
and you still believe
i'm the cannibal.

caliban to the tempest

you depend on the wind.
you depend on the sea's arbitrary mood,
ruling tyrannically from your dependence.

caliban to prospero

you stole me from my home,
punished me for not calling you mister.
i learned your bad words,
cursed you in your language
so you would understand.

you never understood.
you told me my accent was too thick.

caliban to himself

changing masters
didn't free you.

the independence
(of puerto rico)

a multiverse!

the first thing the colonized learns is to stay in his place, and not go beyond his limits. this is why the dreams of the colonized are always of muscular prowess; his dreams are of action and aggression. i dream i am jumping, swimming, running, climbing; i dream that i burst out laughing, that i span a river in one stride, or that i am followed by a flood of motorcars which can never catch up with me. during the period of colonization, the colonized never stops achieving his freedom from nine in the evening until six in the morning.

FRANTZ FANON

the independence
(of puerto rico)

i entered a round, tender, and final terror.
it was all those i'd loved who'd left.
it was my solitude and its repetition.
it was the potent cruelty at half-mast.
i entered a horizontal tower
knocked down by faintness
and a white friend who turned,
stared, and called me ugly.

there, children gathered stones
they threw at my mother, singing *monkey*.
that year i knew no surface
and hid at the bottom of a house.

in that body, i didn't understand things;
i felt and cried objects,
every man could be paternal
and i admit that love was older,
for i was surrounded by years.

in the terror were
edgar, who told me we'd be eternal,
luis, who swore we'd raise two futures,
alli, who gave me a lent house,
the musician who promised me an album,
the great taming thinkers,
those who called me dumb, lazy, and cold,
those who hit me hard because love,
giving me promise after promise.

i entered the exceptional occasions
when schoolmates turned to me and spoke.
how tender the light,
even if it lasted as long
as exchanged instructions.
then i was a girl again,
a person, i belonged.
later, i entered the imbalance of glue,
the painful silence of my audience,
the expensive applause of love.
i entered the terror of arrest,
the similar face and stories,
the many ways of dying:
torture, jail, time.
i fell on the weeds to see the highway.
i entered the horror of innate violence,
the ferocity of memories.
i reached the incomprehensible impulse
to feel so hard i froze my heart
and my words trembled.
mocking, rejection,
were all in my terror.
there were also others:
the dead boyfriend, the murdered friend,
the forgettable poet,
the out-of-body comment,
the gringo correction,
unemployment, poverty,
being puertorriqueño
out there.

it was in the terror i doubted the name *puerto rico*
                        and the word *independent*.
they were two meteors that fell to earth.
would they hit the ocean or some populated city?
they were two bodies that wouldn't crash,
carefully watched by physicists and preachers.

puerto rico

    independent

i would say them without knowing if it was explosive,
if i'd discover a cure and save millions
becoming one of time's millionaires,
loved by all,
rescued from the constancy
of anticipating my bonds,

but when i said them, came something unexpected.
no one died.
i wasn't arrested for my flag
nor tortured with radiation.
the world didn't end and the terror did nothing.
there was no monster confronting me for giving him life.

only the words were left

puerto rico

    independent

a new question curiously stared,
and i who'd been preparing for the end or beginning,
was alone facing all that
blank space.

the independence
(of puerto rico)

won't it be lonely

      (some may ask)

to have only your crops growing,
only your beaches to visit,
only your mountains to drive up
until the road is a cliff
with thin wood wrapping,
tied with chicken feather bow,
with a scribbled stray dog name?

won't you miss the sounds that filter
through from other worlds,
the clanking of being discovered,
constantly bent into crests,
your helmeted hope
forever afield, forever on guard?

won't your gods leave you?
won't your children scamper across oceans
into the bosom of that older nation?
won't your joys be withheld like goods in the port?
won't you be punished for the dream
you chose to manifest?

won't they come back with more armies,
bigger guns,
denser strategies,
new elections?

you'll endanger all your old lovers,
who, desperately trying to find you
in a rearranged world,
will knock on the wrong door
and die.

won't you die?
won't your death look like a new planet
emptied of all you fought for?

they'll call you a terrorist.
you'll never return one day and everyone will know
you held too much independence.

won't you break?
won't it ruin the waters?

(some will ask)
how do you know it will work?
how can you be sure it won't just
take down the little we have,
the coupons we've saved,
the cramped apartments that store
old frames, records of jobs we've lost,
people we lost to the needle or
basements in far-off cities?

this here is a fifteen-year-old mattress
and it holds the history of our endurance.
this will be swept up in your rush to save us.

look at what we've been given.
these interminable promises
that may one day deliver.
without them,
won't it be empty?

won't it feel like all we have are stored cans
and land useless from the burnings?

we'll have to fight
and you know after a fight
there's no fight left.
they will send new nations to kill us
and then what will you offer?
your flag and your pride?

won't you be forgotten?
won't your remnants sink into the earth
like taíno bones?

don't throw out the good colonizers
with the little rainwater you've gathered.
it's not their fault they drink from a shallow well,
then head back home to pools and lake cabins.
they too need, like us.
they too.

won't you be better off seeing your priest,
going to couples therapy,
working on this together?

don't you trust things can get better?
look at all the model nations
in their long lines,
at least they have air conditioning
in the imperial dmv.

won't you be haunted by this one choice?

make sure you want to do this.
we have so little left.

why do you cling to impossible things?
it will always be unlike what you imagine
and who says that will be better?
how do you know?

won't you be sorry?
won't you wish you had a boss?
won't you get restless
with all that freedom?

the independence
(of puerto rico)

our enemies sharpen our sadness and bury it
in our desire to fight back.

if you ever loved against should
        (despite regret's hangover);
if you took the light risk and swam
        where you saw no bottom;
if you drank until you cried for your abuser;
if you left them;
if you avoided the doctor and went to the beach;
if you voted against your parents;
if you broke a simple rule,
stole toilet paper,
ran the stop sign that said coca cola,
if you had a few and went home,
ate insalubrious oysters,
then you understand.

you busted your head,
they broke your heart,
they killed your yearning,
you made indelible mistakes,
you got sick far from the hospital,
you lost friends,
you almost died,
        maybe you died;
but that can happen to you at home
watching netflix and eating popcorn,

so get to work fixing tomorrow's roads.
eat what you want at all hours.
tell your mother about the abuse.
leave the closet and record videos
(even if they shoot you down in santurce).
confront the governor.

cook for your corillo
and may it be immense:
a people outside a people.
move away (but come back).
we live under fascism.
do you think you can avoid pain?

defend your joy.
re-appropriate your resources.
occupy all the buildings,
and, when they come evict you,
tell them who are they
with their mundane dictatorships,
seriously, who are they?

if you took the cautious path,
they still exploited you,
they humiliated you at the bank,
they ironed your bills,
they translated you,
they spit in your coffee,
they gave you a natural death
and you were good your whole life.
you won't lose what you don't have.

we live on stolen time.

the independence
(of puerto rico)

a path of crumbs up to the mouth,
the aqueous cavern dazzled by teeth,
gathered there, don't make pan de agua.

smiles gathered don't make laughter.
side-eyes gathered don't make an eye.
dispensed plates don't make a dinner.

the thermal concessions meet.
the ducts connect tears to air.
together tears don't make a beach,
nor gathered beaches make us island.

furies grouped don't make a storm.
isolated sparks don't start a fire.
little by little leads nowhere.

it's not that i don't love details;
in diminutive i survive us,
but together we're lonely
joined by holidays and shopping.

i don't want this.

i want our meetings not to be lines.
we persist on the wall.
let's leave behind the museum of accumulation.

let's overcome this like we overcome so much,
at the speed of a kingfisher
and a bulleted mugging.

the therapy we give ourselves with shots and fists
would last more if we wanted to live.

furrows help us produce
fruit we give to a god,
our hands pointing towards nothing.
generations of good folk.
entire lineages of givers.

how beautiful to give ourselves,

but no, not this.
this is something else.
this reaches exits and exits,
and here we are still exiting the same thing.

we don't love ourselves when we give like this.
let's not do this to us.
so much road looks bad,
so much horizon,
if we forget our way back home.

the independence
(of puerto rico)

who told you it couldn't be,
      that you couldn't love it all?
who told you to let it go,
      the way you broke the verse with marrowed hunger?
where were they when the writing came back up,
      tore away, and drove into the sky's sieve,
            left clipped shavings, residue from our collapse?
when it was that good,
      how come they only came to hit you down?

who all were they that lingered, diagnosed, and filed?
did they know you like that, like it was worth you?
they broke you up
      and then reached for you one by two,
          digging up old shears, doorways lit,
             and basements, those houseribs
         sitting at the base of all the winged things,
older yet by days, looking up.

all the dead in the rain,
and all the living, chained in islands.

how come they made homes
      and how come you let them up
         into our house like that, into the rage
of our house like that and into the marrow

of our dead bodies like that and into the ribs
of our meat cuts like that, flat out finding
nothing but the same old same?
islands upon continents of the same,
leaving a mark.

these were always ours from beneath
up into the next floor.
who made them a copy of the key?
stop holding the door ajar.
          they get this either way,
                    here or elsewhere.
just leave them out.
just leave them gone.

the independence
(of puerto rico)

we are fiercer than melted snow;
we are bigger than storage cemeteries;
we are more rabid than mired winds;
we are immenser than rivers in sea;
we are wider than wasted tyrannies;
we are more tender than roots with earth;
we are more tender than rain in moss;
we are more tender than downpour's tremor;
we are stronger than overworked years;
we are braver than stalking anguish;
we are more beautiful than universal monarchies;
we are more jevos than the dreamt good life;
we are richer than stolen ports;
we are more pirates than federal governments;
we are more justice-seeking than armed gods;
we are more more than the minimum
and more more than the most.
we are insularly sufficient.

we owe no one shame.

we owe no one smallness.

they tell us for a whole centuried
and quintuplentaried life that we are
the smallest of the upper,
that we are much of the less

and too little of the more,
but we are more than what they say,
more than what they imagine
and more than, to this day,
we have imagined.

we are home libraries
gathered in a data strike
that miss their bowels
of historied flesh.

we are a latitude of tied belts,
serpents who shed their punishing skins,
make a tape to measure the globe
and know if the world can
expand by opening chests.

we are that calculation that traces today
and hits rock bottom.

we are the fortaleza without spaniards,
the rib cage that expires the old empire
where before they housed crusades.

we are fatal, meaning
the death of trenches
and the governments that induce them.

we are high-and-mighty on the coast
and humble in the mountains.
so we gather coffee and plant it

in the buildings we build,
the children we raise,
the exponential applications
we complete,

and in all things we are independent,
even in the most colonized hole of our porous fear;
even in the panadería most packed with papers that cover ads;
even in the corrosive act of saying we are only an island;
even that *we* have done looking each other in the face,
gathering cement blocks,
arming the neighbor's storage rooms.
even from afar, it has been *us*
who has gone to the post office
and sent cans and batteries.

don't fear what you already know.
we've spent a lifetime fearing ourselves
while getting robbed by strangers.
look at us. look closely.
don't you see we are
beauty.

the independence
(of puerto rico)

    the independence

        (of puerto rico)

    the independence

        (of puerto rico)

    the independence

        (of puerto rico)
    the independence
        (of puerto rico   )
    the independence
        (of puerto rico)
    the independence
        of puerto rico
    the independence
    of puerto rico
    the independence of puerto rico
    theindependence of puerto rico
    theindependenceof puerto rico
    theindependenceofpuertorico
    independenceofpuertorico
    theindependencepuertorico
    puertorico

    puertorico

    puerto rico

sea of the poem

(an annex so we may dream backwards)

enjoy our américa's big party . . .
at the bottom of the sea!

PUBLIC SCHOOL TEXTBOOK *ISLAS Y ESTRELLAS*

wing

the wing of the sea is the wave;
the wave of the sky is the rain;
the salt of the rain falls as hail;
and the hail of hate rains in shots;

the shot of the soul is the bell;
bell without time is the ballad;
ballad that craves no beloved:
the love that names not its ballad.

a bridle-less horse is this life;
the life of the sea is the wave;
the wave of the bird is the wing;
and the wing of hatred is war;
the war of the wind is the storm;
storm of the soul, the beloved;
beloved of all, the poet;
poet of the sea, mariner;
sea of the poem, the future.

the arc

which of these waters is yours?
    i ask the sand,
    but she ungratefully
    says nothing.

which of these mountains do i owe?
    i ask the sky,
    but he is spoiled
    and won't answer.

how many rivers are left?
    i ask the ceiba,
    but she acts deep,
    stays speechless.

how much more pain comes our way?
    i ask the pitirres,
    but it's been a while
    since they responded.

how much is a cluster worth?
    i ask the tree,
    but he is stuck-up
    and bears no price.

how many bestial boricuas fill a dream?
    i ask the night
    that masterless shines
    and laughingly answers,

    there's room for us all.

waitilyousee

if you think a cloudy day is ugly,
      waitilyousee the broken windows.

if you think that car is ugly,
      waitilyousee the empty tank.

if you think lacking respect is ugly,
      waitilyousee a jealous murder.

waitilyousee what the state has to say,
      if you think it's ugly to feel alone.

if you think the new record is something,
      waitilyousee all our instruments.

if you think feeling full is something,
      waitilyousee our fullness together.

if you think it's something to climb a tree,
      waitilyousee us grow a garden;

waitilyousee us grow a forest;
waitilyousee us growing together and eating our
    fill;
waitilyousee us lose all respect for the state;
waitilyousee us climb a forest and touch the sky.

versos complejos

para josé martí

yo soy poeta arrancado
de donde crece el mangó.
y antes de morirme quiero
ver a aquel que me cegó.

yo vengo de todas partes,
pero a mi pueblo yo voy.
hambre soy entre las hambres,
la hambruna de donde soy.

yo sé los nombres extraños
de hombres que no nos quieren
y que, por mortales años,
espero y no vienen.

llover sobre mi cabeza,
siento en la noche clara;
luces en ciudad oscura,
estrellas liberadas.

vi alas nacer en los hombros
de amigos tan hermosos
que ya andan entre nosotros
sin más susto a los odios.

he visto surgir un hombre
de entre balas reunidas,
y he visto morir un hombre
que amó toda la vida.

tan rápido como el miedo,
dos veces vi el alma, dos,
cuando gritamos los fieros,
cuando perdimos la voz.

temblé una vez en la cama,
el día en la ventana,
cuando la bárbara vela
quemó su piel amada.

gocé una vez, en la calle,
al ver mis versos volar,
pues supe que no hay quien calle
la voz que puede migrar.

hoy oigo un ladrar, a través
de rejas y oscuridad,
y no, no son ladridos, es
testigo de la maldad.

si dicen que de mi patio
tome la fruta mejor,
agarro el limón más agrio,
no la que me dio el amor.

he visto el techo herido
volar a azul sereno,
y hombre morirse en el frío,
buscando techo nuevo.

yo sé bien cuando el mundo
se cansa de sí mismo,
porque ya es muy tarde cuando
va a enfrentarse al fascismo.

he puesto mi pecho armado
de furor y tristeza
sobre aquel beso pesado
que baja la cabeza.

en una cáscara dura,
hoy envaino mis penas
porque un pueblo que no llora
me recorre las venas.

todo es hermoso y violento,
todo se angustia por pan,
y todo, como la tierra,
antes que isla es volcán.

yo sé que el listo se canta
filántropo y artista,
pero deja tras su obra
la pobreza y conquista.

callo, no lo entiendo y me voy
sin hacerme ya el fuerte.
cuelgo mi futuro por hoy
lejos de tanta muerte.

we dream we span a river in one stride

the
future is
a house of
mirrors,

all
reflecting
neulisa
alexa
luciano
ruiz.

Acknowledgments

I'd like to thank the Academy of American Poets' *Poem-a-Day*, MAKE Literary Productions, *A-Line*, the *Puerto Rico Review*, *Kenyon Review*, and NACLA for publishing early versions of some of these poems. Some parts of this book were written at the UCross Playwrights and Composers Retreat and others at the MacDowell Colony. Thank you for the space, time, and companionship.

This poetry book is primarily dedicated to my father, Edelmiro Salas González (1960–2020), my number-one fan, a man of fixed principles and a good heart. As usual, I thank my mother, Yolanda Rivera Castillo, for teaching me to always believe in a world without empires and without capitalism, and my grandmother, Virginia Rivera Beauchamp, for offering me a room where fireflies dance at night.

I thank an entire corillo of close friends who saved me time and time again: Ricardo Alberto Maldonado, Amy Paeth, Raquel Albarrán, Nicole Cecilia Delgado, Ana Portnoy Brimmer, Carina del Valle Schorske, Ángel Domínguez, Genji Amino, Gaddiel Francisco Ruiz Rivera, Kelly Díaz, Urayoán Noel, Vanessa Angélica Villarreal, Majo Delgadillo, Rye Ellis Katz, Colette Arrand, Symbol Lai, Carla Cavina, Farid Matuk, Yara Liceaga, Lía Rivera, Luis Ortiz, Miriam Damaris Maldonado Rodríguez, Mara Pastor, Luis Díaz, Hermes Ayala, Natalia Bosques Chico, Luis Negrón,

Willie Perdomo, Mayra Santos Febres, Noor Ibn Najam, Ericka Florenciani, Fani Silva Santana, Sampson Starkweather, Jasmine Amussen, and Mon Zabala, among others. Thank you Irizelma Robles for being so sweet with me from day one. To my therapist, Khalida Sethi: you saved my life. Thank you Sofía Gallisá Muriente for sharing your knowledge, your talent, and your time with me, and Alejandra Rosa, for your sweetness and all those trips to El Mesón. To Tito, who is shy but good. To Xavier Valcárcel for the poetry and for the cover art. To my cousins Miguel Alvelo Rivera and Sofía Rivera Soto.

To the Colectivo for El proyecto de la literatura puertorriqueña/The Puerto Rican Literature Project: Enrique Olivares, Ricky, Claire Jiménez, Ana Castillo Muñoz, Gabriela Baeza Ventura, Carolina Villarroel, Lorena Gautherau, and Linda García Merchant. Cindy Jiménez Vera, thank you for inciting me to think about the future. Christopher Powers and Julio Ramos, thank you for being my eternal mentors. I'd also like to thank Catherine Tung for believing in this project.

It's hard for me to think I wrote a poetry book about the future when everything feels so apocalyptic, but I keep believing we have a responsibility to dream other worlds. Abrazos fuertes a todes.

About the Author

RAQUEL SALAS RIVERA is a Puerto Rican poet, translator, and editor. His honors include being named the 2018–19 Poet Laureate of Philadelphia and receiving the New Voices Award from Puerto Rico's Festival de la Palabra. He is the author of five previous full-length poetry books. His third book, *lo terciario/the tertiary*, won the Lambda Literary Award for Transgender Poetry and was long-listed for the 2018 National Book Award. He currently writes and teaches in Puerto Rico.